Landhausmode
selber nähen und sticken

Heidi Baumgartner

Landhausmode
selber nähen und sticken

rosenheimer

Für Kathrina

VORWORT

Landhausmode ist zugleich klassisch-traditionell und modern-phantasievoll. Da liegt es doch nah selbst individuelle Kleidungsstücke und Accessoires zu nähen und zu besticken.

Einfache Blusen und Tops können Sie entweder selbst nähen oder auch fertige Blusen, Jeans, Kleider, Rucksäcke und Gürtel durch Stickereien in zauberhafte Einzelstücke verwandeln.

Die meisten Stickmotive habe ich im Kreuzstich und in der Nadelmalerei entworfen, so dass Anfänger wie Fortgeschrittene bestimmt die passenden Vorlagen finden. Aber auch Ungeübte können sich bald an die etwas schwierige Nadelmalerei wagen. Die Kreuzstichmotive können beispielsweise auch für Gürtel und Bilder oder – etwas größer – für Taschen oder Jacken umgesetzt werden. Nadelmalereientwürfe wie Stiefmütterchen, Rosen und Gräser eignen sich ausgezeichnet für die Verschönerung von Kissen oder für Stickbilder.

Sie sehen, die hier vorgestellten Muster lassen sich immer wieder neu variieren. Ich würde mich freuen, wenn Sie sie auch als Anregungen für eigene Entwürfe verstehen. Lassen Sie einfach Ihre Phantasie spielen.

Viel Spaß und gutes Gelingen

wünscht Ihnen   *Heidi Baumgartner*

INHALT

MATERIAL UND TECHNIK

GARNE:
Sowohl für Kreuzstich als auch für die Nadelmalerei eignet sich Sticktwist. Der Sticktwist besteht aus 6 Fäden und wird je nach gewünschter Stärke des Fadens und des Stoffes geteilt.
In der Regel werden für die Nadelmalerei 2 Fäden genommen und so 2-fädig gestickt.
Beim Kreuzstich kommt es auf die Größe der Kreuze an, d. h., ob 2- oder 3-fädig gestickt wird.
Für Plattstich eignen sich fest gedrehte Garne:
Leinengarn, Perlgarn oder Knopflochseide.
Die Garne, die unter »Material« angegeben werden, sind die, die Sie für die Nadelmalerei benötigen. In den Arbeitsanleitungen ist ebenfalls diese Technik beschrieben.
Die Garnfarben, die Sie für die Kreuzstich-Stickerei benötigen, finden Sie in den jeweiligen Farbskalen bei den gezeichneten Entwürfen.
Die Kreuzstichentwürfe sind mit schwarzen Linien eingefasst. Diese Linien sind als Zählhilfe gedacht. Sie können die Motive aber auch mit Rückstich umranden. Das empfiehlt sich z. B. bei dem Motiv Alpenblumen, Seite 22, oder bei dem Gänseblümchen auf der großen Weste, Seite 43.
Der Rückstich kann mit schwarzem Anchor Sticktwist 403 gestickt werden oder mit einem passenden dunklen Garn. Die Rose auf Seite 75 kommt besonders gut zur Geltung, wenn Sie sie mit einem ganz dunklen Rot umranden.

STOFFE:
Für Kreuzstich eignen sich besonders Zählstoffe.
Für Nadelmalerei und Plattstich eignen sich ganz dicht gewobene Leinen-, Baumwoll- oder Satinstoffe. Loden und Walkstoffe eignen sich zwar für Nadelmalerei und Plattstich, sind aber schwieriger zu besticken. Durch die raue und faserige Oberfläche ist es schwierig ein sauberes Stickbild zu erhalten.

NADELN:
Für den Kreuzstich, der auf Zählstoff gestickt wird, müssen Nadeln ohne Spitze verwendet werden.
Für Nadelmalerei, Platt- und Zierstiche verwendet man Stick- oder Nähnadeln, halblang mit Spitze.
Die Nadelstärke richtet sich nach der Fadenstärke.

STICKRAHMEN: Stickarbeiten sollten unbedingt in einen Stickrahmen gespannt werden um ein Verziehen von Stoff und Stickereien zu vermeiden.

Für den Kreuzstich genügt meist ein kleiner Handstickrahmen. Für Nadelmalerei und Plattstich sollte man einen Stickständer oder einen Stickrahmen, der sich am Tisch befestigen lässt, verwenden.

Ein Einspannen in einen Stickständer ermöglicht das Sticken mit beiden Händen. Die linke Hand erfasst Nadel und Faden unten an der Stickarbeit. Die rechte Hand erfasst Nadel und Faden auf der Oberseite der Stickarbeit.

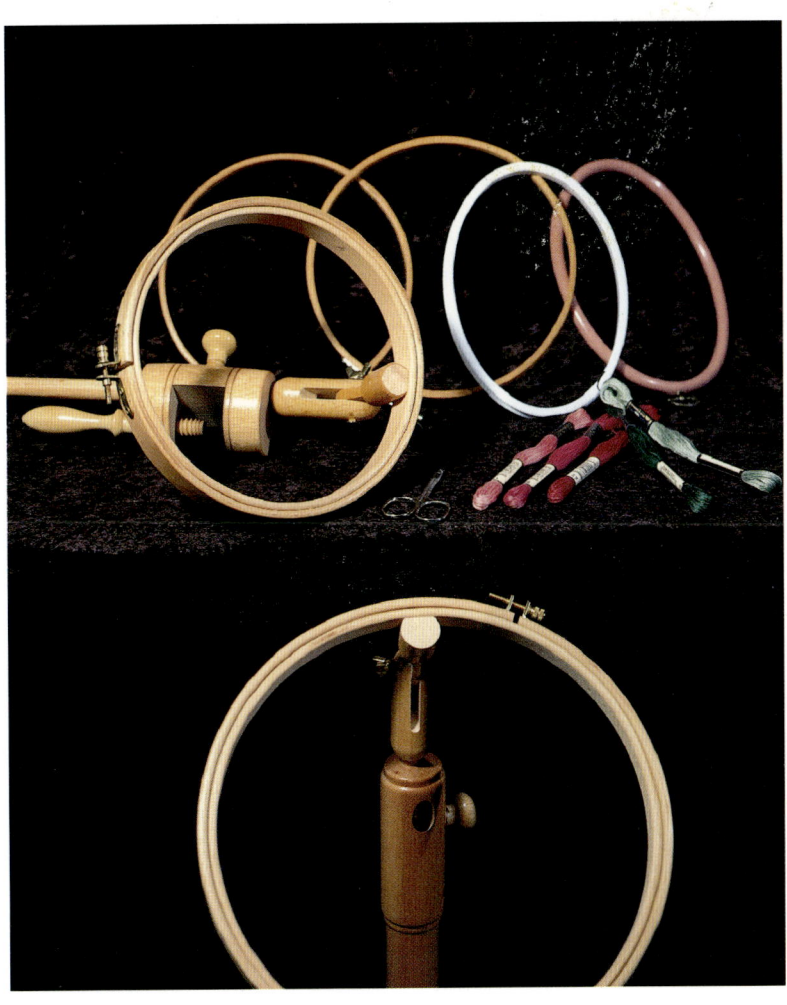

MOTIV MIT HILFE EINES BÜGELMUSTERSTIFTS
AUF DEN STOFF ÜBERTRAGEN

Der Entwurf für die Zeichnung muss sauber und deutlich auf den Stoff übertragen werden,
damit die Konturen genau nachgestickt werden können.

- Die Motive der Nadelmalerei sind
  bunt gezeichnet um das Nachsticken
  zu erleichtern. Um ein Motiv auf
  den Stoff zu übertragen benötigt man
  nur die schwarzen Linien dieser Zeichnung.

- Auf die kolorierte Zeichnung wird
  Transparentpapier gelegt und die
  schwarzen Linien werden mit einem
  Stift nachgezeichnet.

- Diese Umrisse zeichnet man auf der
  Rückseite mit dem Bügelmusterstift
  nach.

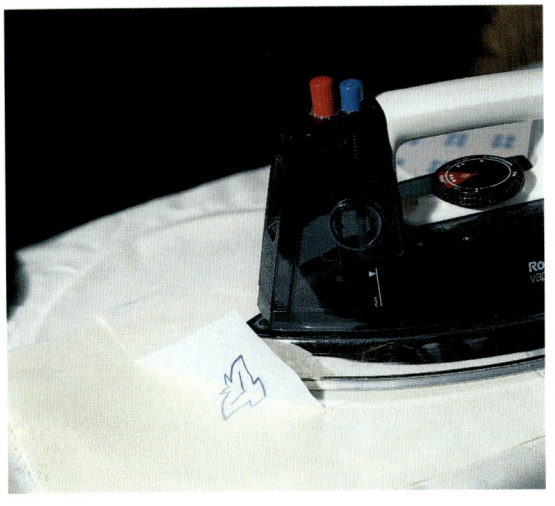 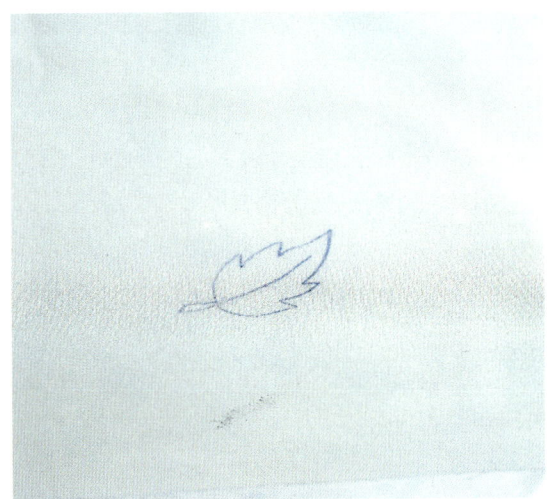

- Der Stoff, auf dem das Motiv aufgezeichnet wird, sollte zuerst gebügelt werden, damit er erwärmt wird. Dadurch bleibt das Motiv besser haften.

- Legen Sie dann das Motiv mit der Bügelstiftseite auf den Stoff und fixieren Sie ihn durch Bügeln auf den Stoff.

- Zwischen Zeichnung und Bügeleisen eventuell Seidenpapier legen um ein Verschmutzen des Bügeleisens und ein Versengen des Stoffes zu vermeiden.

- Diese Methode ein Muster zu übertragen ist die einfachste und schnellste. Sie sollte jedoch auf dem zu bestickenden Stoff erst einmal ausprobiert werden, da sie sich nicht für alle Stoffe eignet.

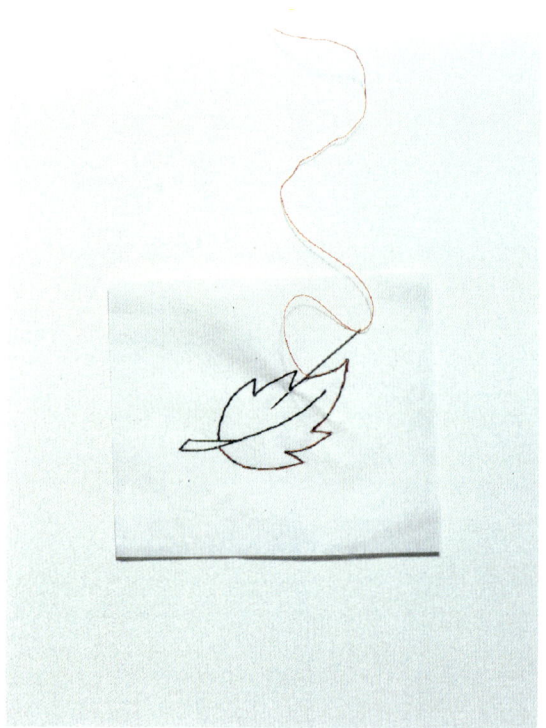
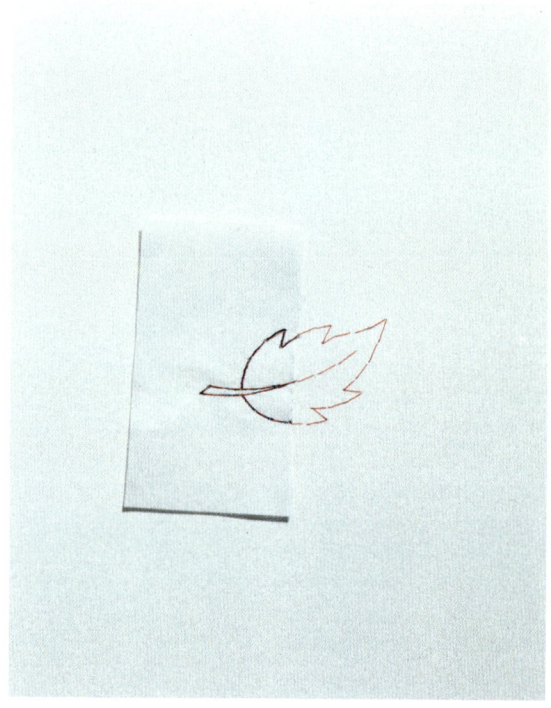

- Das Motiv auf sehr dünnes Seidenpapier übertragen.

- Das aufgezeichnete Motiv auf dem zu bestickenden Stoff festheften oder mit Stecknadeln feststecken.

- Nun mit feiner Nähseide die Linien vorsticken (mit Vorstich oder Rückstich).

- Wenn Sie das ganze Motiv vorgestickt haben, wird das Papier vorsichtig entfernt.

- Die Vorstiche können sauber überstickt werden. Sie müssen sie bei der Technik der Nadelmalerei nicht entfernen.

MOTIV MIT HILFE VON ORGANZA
AUF DEN STOFF ÜBERTRAGEN

- Das Motiv mit Bügelmusterstift auf den Organza bügeln (siehe Seiten 10 und 11) oder den Organza auf das Motiv legen und mit einem Stift nachzeichnen.

- Das auf Organza aufgezeichnete Motiv wird auf den zu bestickenden Stoff aufgeheftet.

- Mit Nadelmalerei wird das Motiv ausgestickt. Dabei erfasst man beide Stofflagen (Stoff und Organza).

- Wenn die Stickarbeit beendet ist, entfernen Sie die Gewebefäden des Organza vorsichtig mit der Pinzette.

NADELMALEREI – FESTLEGEN DER STICKRICHTUNG

Bei der Technik der Nadelmalerei ist ein sehr wichtiger Arbeitsschritt das Festlegen der Stickrichtung.
Durch die richtige Stickrichtung bekommt die Stickarbeit
ihre Lebendigkeit.

falsch   *richtig*

Die Stickrichtung verläuft so, wie die Fasern eines Blattes
natürlicherweise gewachsen sind.

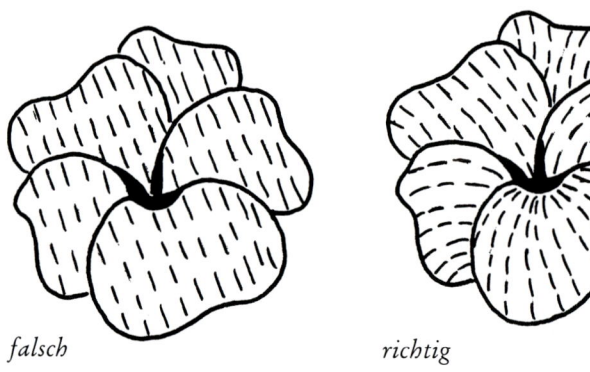

falsch   *richtig*

Die Stickrichtung sollte dem Faser- und dem Farbverlauf
einer echten Blüte entsprechen.

falsch   *richtig*

Die Stickrichtung
sollte so ausgeführt
werden, wie das
Federkleid der
Ente gewachsen ist.

Es ist nicht notwendig die Stickrichtung auf die Zeichnung zu übertragen. Aber sie muss vor Beginn der Arbeit festgelegt werden, damit man richtig beginnt.

Wenn Sie noch ungeübt sind und die Stickrichtung nicht ohne Zeichnung nachsticken können, dann empfiehlt es sich, dass Sie die Zeichnung, die Sie auf den Stoff übertragen haben, mit Hilfslinien versehen. Zum Beispiel:

Mit Bügelmuster aufgezeichnetes Motiv

Auf dieses Bügelmustermotiv werden Hilfslinien aufgebracht, die die Stickrichtung angeben. Sie können dazu einen Zeichenstift für Schneiderei, der selbstlösend ist, oder *Aqua Trickmaker* verwenden.

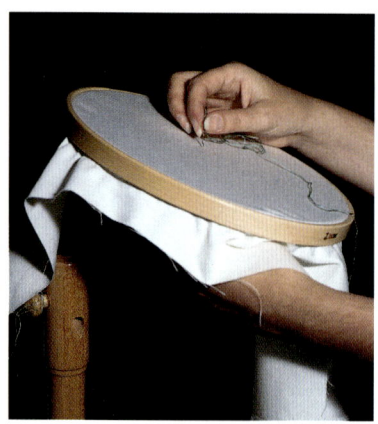

Einspannen des Stoffes:

Die Technik der Nadelmalerei kann nicht in der Hand oder im Handstickrahmen gearbeitet werden.
Sie benötigen dafür einen feststehenden Stickständer oder einen am Tisch zu befestigenden Stickrahmen.

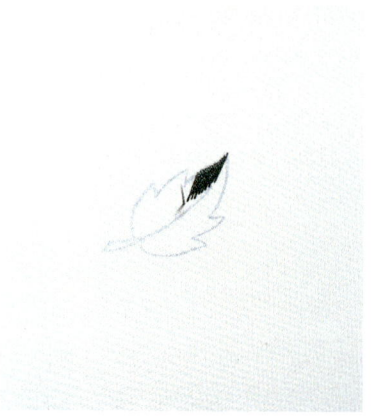

Nur so ist es möglich die richtige Arbeitshaltung einzunehmen.

- Die linke Hand ist *unten.*
- Die rechte Hand ist *oben.*

Halten Sie die Nadel in der linken Hand und stechen Sie von unten nach oben.

Nehmen Sie die Nadel jetzt in die rechte Hand und führen Sie sie von oben nach unten durch den Stoff.

Die zwei Arbeitsschritte wiederholen sich abwechselnd.

Auf den unteren Bildern erkennen Sie am Beispiel eines Blattes die Vorgehensweise bei der Nadelmalerei.

Arbeitsschritt 1: Äußere Schicht des Blattes

- Sticktwist (6-fädig) teilen; man stickt normalerweise 2-fädig.
- Begonnen wird mit dem äußersten Rand (Stickrichtung beachten).
- Die Stiche sind dicht nebeneinander gestickt, aber in unterschiedlicher Länge.

Arbeitsschritt 2: Einschattieren der Farbe

Beim zweiten Arbeitsschritt schattiert man eine andere Farbe in die Stickereien des ersten Arbeitsschrittes hinein. Wieder sind die Stiche in unterschiedlicher Länge eng aneinander gestickt.

Arbeitsschritt 3: Fertigstellen des Stickbildes

Nach Abschluss der Nadelmalerei wird der Stiel des Blattes mit Stielstich und schrägem Plattstich fertig gestickt.

ZIERSTICHE

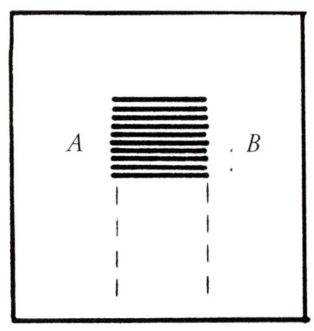

Plattstich, gerade:

Auf der Seite A sticht man von unten nach oben,
auf der Seite B von oben nach unten.
Dabei liegen die Stiche *waagerecht* dicht nebeneinander.

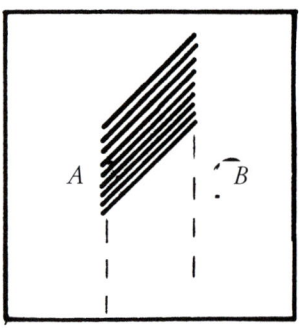

Plattstich, schräg:

Auf der *Seite A* sticht man von unten nach oben,
auf der *Seite B* von oben nach unten.
Dabei liegen die Stiche *gleichmäßig schräg* dicht nebeneinander.

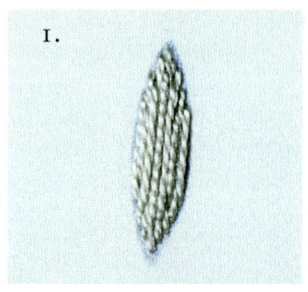

Unterlegen und mit schrägem Plattstich übersticken:

Um Stickereien eine stärkere, plastische Wirkung zu geben werden Stickflächen unterlegt.
Sticken Sie die Fläche des Blattes mit langen Stichen eventuell in mehreren Lagen übereinander aus.

Anschließend wird die Fläche mit schrägem Plattstich überstickt, so erzielt man eine erhöhte Wirkung.

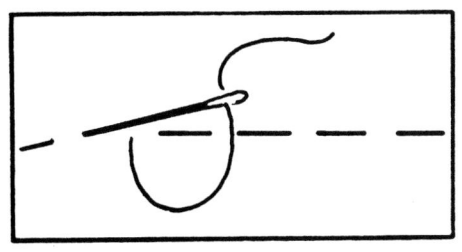

Vorstich:

Der Vorstich wird von rechts nach links gestickt und die Stiche können unten und oben gleichmäßig lang sein.
Wenn der Vorstich zum Vorsticken eines Motivs benutzt wird, sollten die Stiche auf der oberen Seite länger und auf der Unterseite ganz kurz sein.

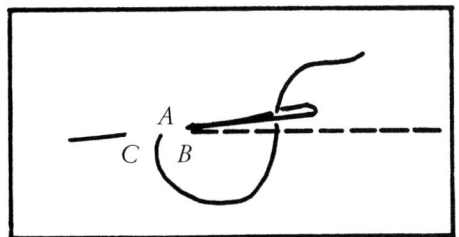

Rückstich oder Steppstich:

Der Rückstich wird von rechts nach links gestickt.
Der Faden wird bei A von unten nach oben geführt.
Bei B sticht man in den Stoff ein und bei C wieder von unten nach oben heraus usw.

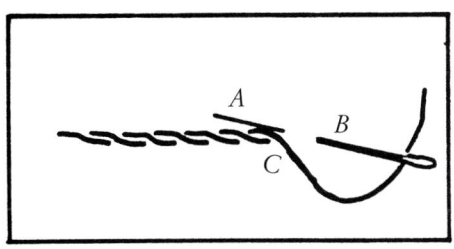

Stielstich:

Der Stielstich wird von links nach rechts gestickt.
Der Faden kommt bei A von unten nach oben.
Bei B sticht man ein und bei C aus usw.

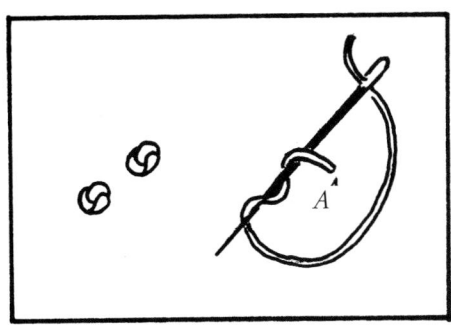

Knötchen:

Der Faden kommt bei A von unten nach oben.
Der Faden wird um die Nadel gewickelt und dicht neben A wieder in den Stoff eingestochen.
Die Größe der Knötchen richtet sich nach der Vielzahl der Fäden, der Fadenstärke und ob zwei-, drei-, viermal oder noch öfter der Faden um die Nadel gewickelt wird.

LÄNDLICHES IN LEINEN, LEDER UND JEANS

JEANS ALPENBLUMEN

MATERIAL

Fertige Jeans oder Jeans nach Schnittmuster nähen

Garn: Anchor Sticktwist, 2-fädig
je 1 Strang in den Farben:
Blau 134, 941, Grün 218, 216, Weiß 2,
Rot 42, 43, Gelb 292, 295
Rest melierter Wolle

Für den Kreuzstich zusätzlich je 1 Strang
Sticktwist: Grau 398, 397, Braun 393

STICKTECHNIK:

Nadelmalerei, schräger Plattstich, Knötchen, Stielstich

ARBEITSANLEITUNG NADELMALEREI:

Wenn Sie eine fertig genähte Jeans verwenden möchten, dann müssen Sie die Seitennähte ein Stück auftrennen um die Jeans in den Stickrahmen einspannen zu können.

- Das Motiv mit einem hellen Bügelstift aufzeichnen oder vorsticken.
- Mit den Edelweißblüten das Sticken in der Nadelmalerei und 2-fädigem Sticktwist in der Farbe 2 beginnen.
- Die Enzianblüte wird in der Nadelmalerei mit der Farbe 134 gestickt. Beginnen Sie am äußeren Blütenrand mit dem Sticken. Mit dem helleren Blauton, Farbe 941, schattieren Sie die Enzianblüte zur Mitte hin ein.
- Die Alpenrosenblüten mit Farbe 42 und 43 im schrägen Plattstich sticken.
- Die Blätter mit dem schrägen Plattstich (Farbe 218, 216) sticken.
- Anschließend die Stiele mit Stielstich und zuletzt die Knötchen sticken:
  Alpenrosen: kleines gelbes Knötchen mit der Farbe 292 in der Mitte sticken.
  Enzian: kleiner Plattstich und Knötchen in der Mitte der Blüte (Farbe 295) sticken.
  Edelweiß: in die Mitte der Edelweißblüten 7 größere Knötchen mit melierter Wolle sticken. Ersatzweise können Sie auch 5–6 Fäden verschiedener brauner und beiger Sticktwistreste verwenden.

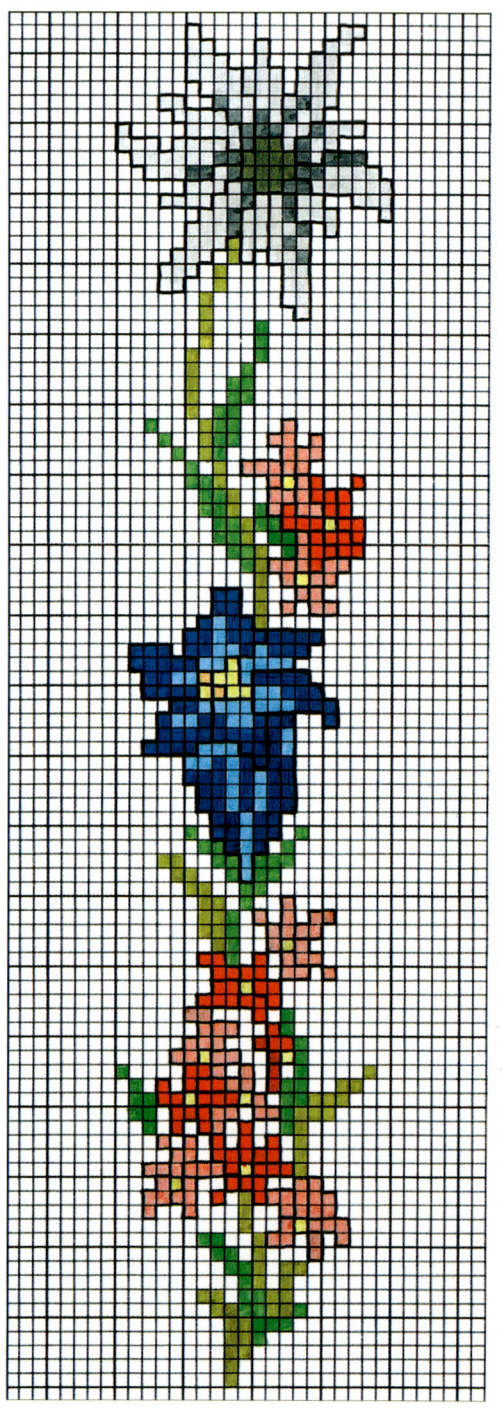

Zusätzlicher Entwurf
für die Gesäßtasche

FARBNUMMERN JEANS ALPENBLUMEN

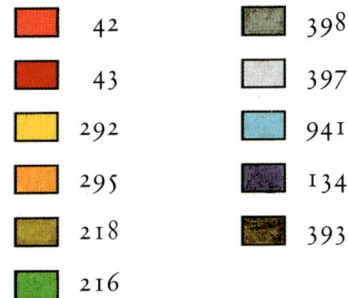

■ 42			■ 398	
■ 43			□ 397	
■ 292			■ 941	
■ 295			■ 134	
■ 218			■ 393	
■ 216				

TOP NATUR

M A T E R I A L

Schnitt: burda 2964

Stoff: *Vieböck* Schachbrett, natur 747/00 und
Zwilchstreif, natur 748/00
Zum Besticken *Zweigart* Belfast 3609,
Farbe 53
Stoffmenge je nach Konfektionsgröße

Garn: Anchor Leinen 10, Farbe 392

STICKTECHNIK:

schräger Plattstich, Stielstich

ARBEITSANLEITUNG PLATTSTICH:

- Blüten und Blätter unterlegen, anschließend mit schrägem Plattstich übersticken.
- Stiele mit Stielstich sticken.

ARBEITSANLEITUNG KREUZSTICH:

- siehe Stickvorlage
- Stoff: Belfast
- Garn: Anchor Sticktwist oder Anchor Nordin in passender Farbe

¹/₂ Musterzeichnung

TOP KARO

MATERIAL

Schnitt: *burda* 2964

Stoff: karierter Leinenstoff für Seiten- und Rückenteil
einfarbiger Leinenstoff zum Besticken des Vorderteiles, *Zweigart* Belfast 3609, Farbe 53
Die Stoffmenge richtet sich nach der Konfektionsgröße.

Garn: Anchor Sticktwist, 1 Strang der Farbe 47

Tipp: Die Garnfarbe sollte auf den jeweiligen Karostoff abgestimmt werden.

ARBEITSANLEITUNG:

Der Kreuzstich wird laut Anleitung gestickt. Der 6-fädige Sticktwist wird geteilt. Die Kreuze werden mit 2-fädigem Sticktwist über je 2 Gewebefäden gestickt.

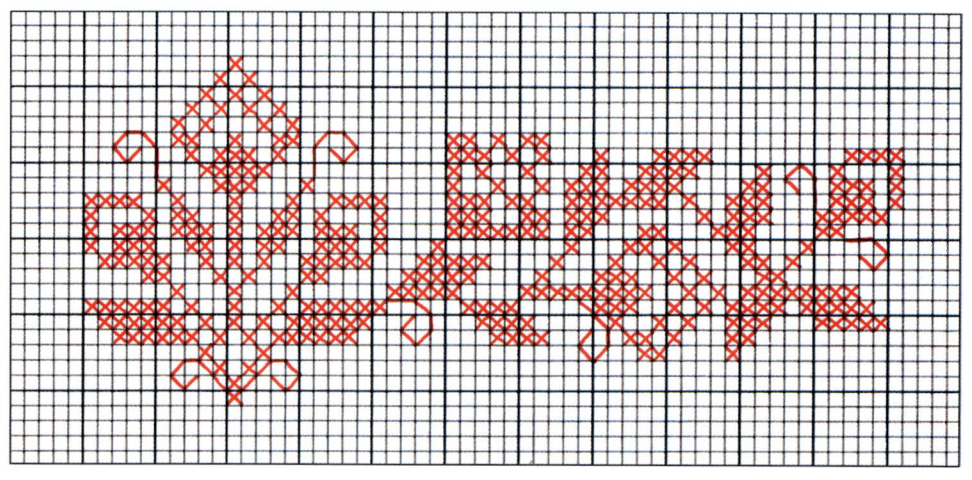

BLUSE EDELWEISS

MATERIAL

Naturfarbene Leinenbluse

Garn: Anchor Vierfachstickgarn Stärke 16

Farbe: je 1 Strang in den Farben 2 und 214
Reste von braunem oder grünem
Sticktwist

STICKTECHNIK:

schräger Plattstich, Knötchen

ARBEITSWEISE:

- Zuerst das Motiv mit dem Bügelmusterstift aufzeichnen.
- Die Blütenblätter vom Edelweiß mit der Farbe 2
und die Stielblätter mit Farbe 214 unterlegen.
Anschließend mit schrägem Plattstich übersticken.
- Die Stiele mit der Farbe 214 im Stielstich
sticken.
- Zum Schluss jeweils in die Mitte der Edelweißblüten 7 kleine Knötchen sticken. Hierfür das
Vierfachgarn Farbe 2 und zusätzlich je einen
Faden vom braunen, grauen oder grünen Sticktwist verwenden. So wird eine melierte Wirkung
der Knötchen erreicht.

FARBNUMMERN
BLUSE EDELWEISS

214

216

melierte Garnreste

397

398

TASCHE BUNTER HAHN

Stoff: *Zweigart,* FLOBA 3998, Farbe: 53, 140 x 80 cm
Futterstoff, 140 x 80 cm
Vlieseline: Je nach Festigkeit und Stabilität der
Tasche können ein oder mehrere Vlieslagen
zur Verstärkung aufgebügelt werden. Für den
Taschenboden sollten in jedem Fall mehrere Lagen
Vlieseline übereinander gebügelt oder eine sehr
feste Einlage verwendet werden.

Garn: Anchor Sticktwist in den Farben:
Dunkelblau 132, 3 Stränge
Hellblau 130, 5 Stränge
Dunkelgrün 244, 2 Stränge
Hellgrün 242, 1 Strang
Mintgrün 214, 1 Strang
Dunkelgelb 363, 2 Stränge

Sonstiges: Reste von Bast in den Farben Natur und Gelb
2 Hartholzstangen, Länge ca. 50 cm, zwei
Holzkugeln, angebohrt; blaue Holzmalfarbe

ZUSCHNEIDEN DES STOFFES:

Bei den Maßangaben ist die Nahtzugabe
noch nicht berücksichtigt!
Vorder- und Rückenteil: 47 x 39 cm, zwei-
mal
Seitenteil: 14 x 30 cm, zweimal
Boden: 14 x 47 cm, einmal
Henkel für Holzstab: 14 x 10 cm, viermal

STICKTECHNIK:

Kreuzstich

ARBEITSANLEITUNG:

Es wird mit 6-fädigem Sticktwist über je
2 Gewebefäden gestickt.

Das Kreuzstichmotiv wird laut Vorlage auf
das zugeschnittene Vorderteil der Tasche
gestickt. Mit den Bastresten wird dann eine
Art Strohnest gestickt, auf dem der Hahn
steht. Hierzu werden mit beigem und gel-
bem Bast kreuz und quer große Stiche und
Schlaufen gestickt.

FERTIGSTELLUNG:

- Falls mehr Festigkeit erwünscht ist, Vlieseline aufbügeln.
- Stoffschlaufen (für Holzstäbe) am Vorder- und Rückenteil annähen.
- Vorder-, Rücken- und Seitenteile werden mit Futterstoff versehen und zusammengenäht.
- Den Taschenboden einpassen und festnähen.
- Die Holzstäbe und die Kugeln werden in einem passenden Blauton bemalt.
- Die Holzstäbe durch die Schlaufen schieben, die Holzkugeln auf die Holzstäbe setzen und mit Holzleim ankleben.
- Die Schlaufen noch mit ein paar Stichen zusammennähen, damit der Holzstab nicht herausrutschen kann.

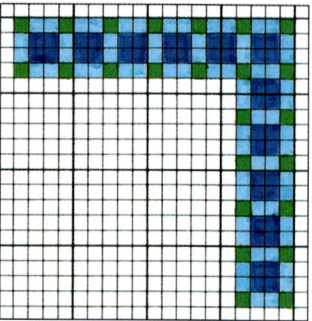

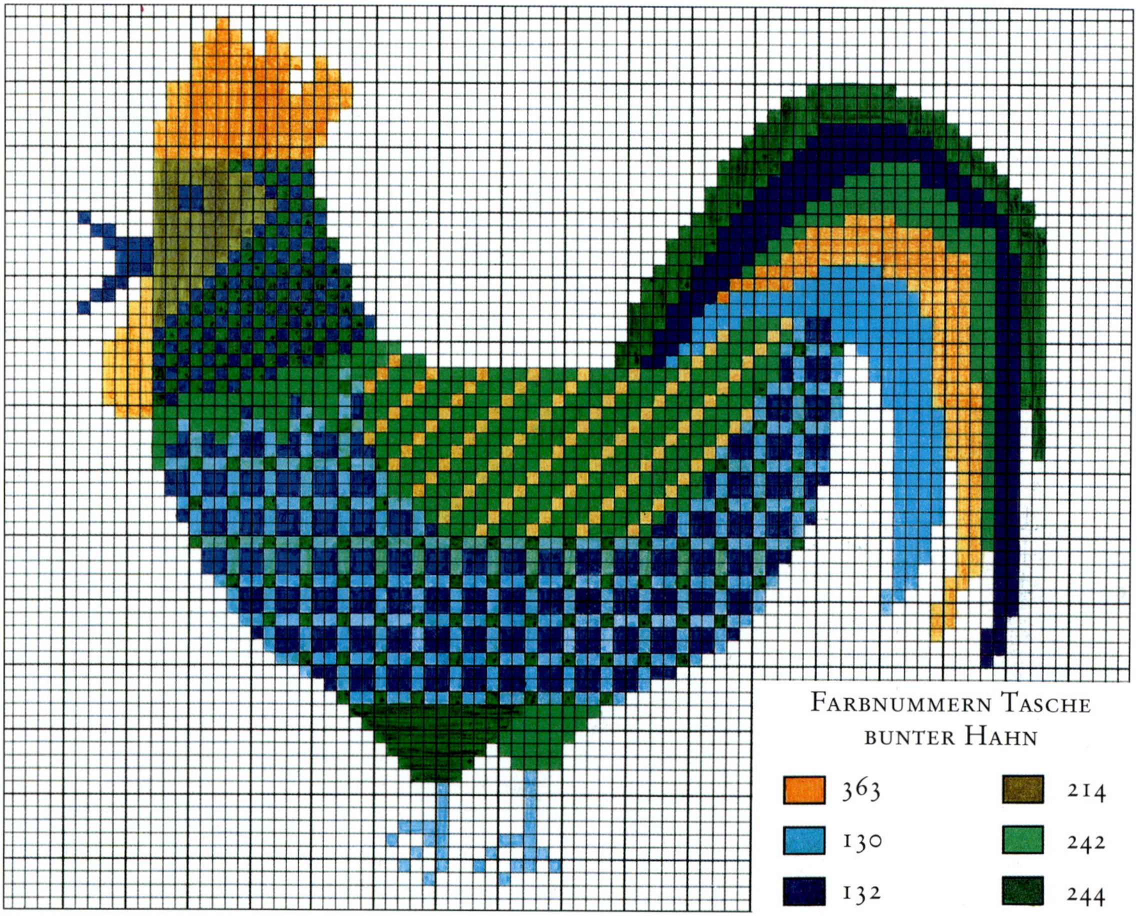

FARBNUMMERN TASCHE
BUNTER HAHN

■ 363		■ 214	
■ 130		■ 242	
■ 132		■ 244	

LEDERWESTE MIT KLEINER GÜRTELTASCHE

MATERIAL

Schnitt: Ärmelloser Westenschnitt, eventuell *burda* 3151

Stoff: Leder oder Alcantara nach Konfektionsgröße
zum Sticken *Zweigart* Belfast 3609, Farbe 53

Garn: Anchor Leinen 10, natur 926
Dieses Leinengarn wird als Häkelgarn im Sortiment
geführt, eignet sich aber auch sehr gut zum Sticken.

STICKTECHNIK:

schräger Plattstich, Stielstich, Knötchen

ARBEITSANLEITUNG:

- Aufzeichnen des Musters mit dem Bügelmusterstift.
- Blüten und Blätter werden unterlegt und anschließend mit schrägem Plattstich überstickt.
- Stiele und Randmuster werden mit Stielstich gestickt.
- Schließlich werden noch die Knötchen in die Mitte der Blüte gestickt.

KLEINE GÜRTELTASCHE

ARBEITSANLEITUNG STICKEN:

Sticken nach der Arbeitsanleitung oben.

Um 66% vergrößern

FERTIGSTELLUNG DER GÜRTELTASCHE:

- Für die Tasche 2 Stoffteile in der Größe 13 x 10 cm plus Nahtzugabe zuschneiden und mit Schrägstreifen einfassen.
- Bestickten Taschendeckel abfüttern und in der Rundung absteppen.
- Schmale Schlaufen ans Alcantara nähen (die Länge der Schlaufen richtet sich nach der Breite des Gürtels, der durchgezogen wird).
- Taschendeckel und Schlaufen am Ledertäschchen festnähen.

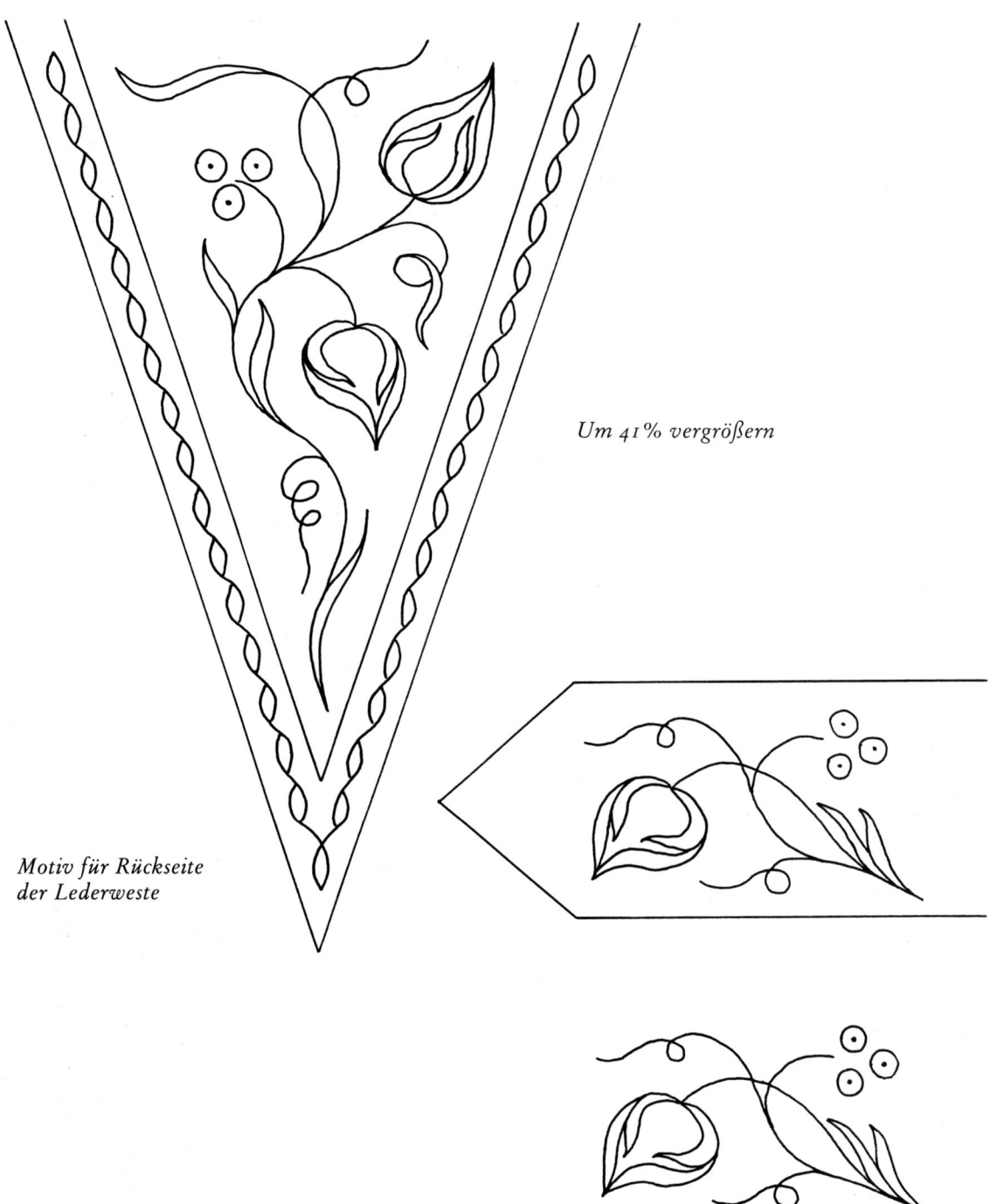

Um 41% vergrößern

*Motiv für Rückseite
der Lederweste*

WESTE GRÄSER

STICKTECHNIK:

Nadelmalerei, Stielstich, Margeritenstich

ARBEITSANLEITUNG:

- Muster mit einem Bügelmusterstift aufzeichnen.
- Alle Blätter, die Glockenblume sowie das Gänseblümchen in der Nadelmalerei mit 2-fädigem Sticktwist sticken.

Lieschgras: Die Samenkörner mit Margeritenstich sticken.
Kornähre: In Nadelmalerei aussticken. Anschließend die dunkleren Körner mit
  Margeritenstich auf die Nadelmalerei aufsticken (siehe Zeichnung).
Biene: Den Bienenkörper mit Plattstich sticken. Die Flügel in der Nadelmalerei
  2-fädig mit je einem Faden Nr. 2 und 398 arbeiten.
Löwenzahn: Die Löwenzahnblüte wurde mit einem großen Kreis gezeichnet.
  Dieser Kreis dient lediglich als Anhaltspunkt dafür, wie groß die Blüte unge-
  fähr gestickt werden sollte. Um eine naturgetreue Wirkung zu erzielen, soll-
  ten die Stickstiche außerhalb der aufgezeichneten Linie in verschiedenen
  Stichlängen (von außen nach innen) gestickt werden (siehe Zeichnung).
Kleeblume: 2-fädig mit je einem Faden der Farben 39 und 38 im Margeritenstich
  von außen nach innen sticken, wobei die Margeritenstiche sich überlappen
  sollten.

132		39	
941		295	
217		298	
218		307	
261		888	
262		277	
263		398	
338		403	
38		2	

*Um 55%
vergrößern*

RUCKSACK EDELWEISS

Dieser kleine Rucksack wurde nach dem Besticken in einer Täschnerei zusammengenäht. Wenn eine Stickerei besonders gut gelungen ist oder sehr viel beansprucht wird, lohnt es sich eine solche Tasche oder einen Rucksack in Leder arbeiten zu lassen.

MATERIAL

Schnitt: eventuell *burda* 4060

Stoff: bei Selbstfertigung Stoffe nach Menge und Art je nach Modell und Größe verwenden

Garn: Anchor Vierfachgarn Stärke 16, je 1 Strang Farbe 2 und 214 sowie Reste melierter Wolle

STICKTECHNIK:

schräger Plattstich, Stielstich, Knötchen

ARBEITSANLEITUNG PLATTSTICH:

- Edelweißblüten und Blätter unterlegen und anschließend mit schrägem Plattstich übersticken.
- Edelweiß mit Farbe 2 sticken.
- Blätter mit Farbe 214 sticken.
- Die Stiele mit Stielstich in der Farbe 214 sticken.
- Zum Schluss je Edelweiß 7 Knötchen aus melierter Wolle in die Mitte der Blüten sticken.

TIPP:

Der Entwurf Edelweiß kann ebenso auch in Nadelmalerei umgesetzt werden. Hierzu wird dann der Sticktwist 2-fädig in den passenden Farben verwendet.

ARBEITSANLEITUNG KREUZSTICH:

- Siehe Stickvorlage und Farbskala.
- Gestickt wird mit Sticktwist je nach Stoffart, 2- bzw. 3-fädig.

Sie wollen den Rucksack selbst zusammennähen?

Dann verwenden Sie den Rucksack-Schnitt, burda 4060. Sticken Sie das Edelweißmuster auf den Rucksackdeckel und nähen Sie den Rucksack nach Anleitung zusammen.

(Schnitt siehe Rucksack Stiefmütterchen Seite 63)

Rucksackdeckel verlängern, insgesamt
auf 30,5 cm plus Nahtzugabe

Sie wollen den Rucksack
fertigen lassen?

In diesem Fall wenden
Sie sich an eine Täsch-
nerei in Ihrer Nähe,
bzw. an die Fa. Werner
(Anschrift im Firmen-
verzeichnis, Seite 79).
Hierzu müssen Sie den
Schnitt des aufgezeich-
neten Musters verwen-
den und mindestens eine
Nahtzugabe von 8 cm
auf allen Seiten berück-
sichtigen. Nach dem
Sticken müssen Sie eine
feste Vlieselineeinlage
aufbügeln.

Um 34% vergrößern

FARBNUMMERN
RUCKSACK EDELWEISS

■	214	■	397
■	216	■	398
■	melierte Reste		

Schnitt des
Rucksackdeckels

GÜRTELTASCHE ERPEL

Auf den folgenden Seiten sind zwei Entwürfe des Motivs Erpel zu sehen – einmal in Nadelmalerei und einmal in Kreuzstich sowie einmal in einem größeren und einem kleineren Format.

Der Entwurf Ledertasche Erpel kann in diesem großen Format in Nadelmalerei gestickt werden. Ebenso kann der Entwurf in Kreuzstich in dieser Größe gestickt werden, wenn entweder auf einem sehr feinen Leinen über 3 Gewebefäden gestickt oder aber ein sehr grober Leinenstoff verwendet und über 2 Gewebefäden gestickt wird.

So vergrößert oder verkleinert sich das Motiv je nachdem, wie groß die Tasche werden soll.

Bei der Gürteltasche Erpel wurde das Kreuzstichmotiv auf sehr feinem Leinen über 2 Gewebefäden gestickt. Somit wirkt das Kreuzstichmotiv sehr fein. Für diese Gürteltasche Erpel kann auch der Entwurf Nadelmalerei verwendet werden, wenn der Entwurf mit einem Fotokopiergerät entsprechend der gewünschten Größe (vergrößern, bzw. verkleinern) kopiert wird.

MATERIAL

Schnitt: burda 4060

Stoff: *Zweigart* Belfast 3609, Farbe 53, Größe 140 x 15 cm

Garn: Anchor Sticktwist, je 1 Strang in den Farben: 398, 1040, 369, 352, 2, 218, 393, 403, 132, 978, 1041, 363, 362

STICKTECHNIK:

Kreuzstich

ARBEITSANLEITUNG:

Den Erpel im Kreuzstich laut Stickvorlage mit 2-fädigem Sticktwist über 2 Gewebefäden sticken.

Es ist darauf zu achten, dass bei der Brust und Teilen der Flügel Garnfarben gemischt werden. Um eine melierte Wirkung zu erzielen wird von zwei verschiedenen Farben je ein Faden verwendet, so das 2-fädig gestickt wird.

Das Wasser unter der Ente wird mit blauem Sticktwist mit einigen Kreuzstichen angedeutet (siehe Foto Seite 49).

ARBEITSANLEITUNG NADELMALEREI:

siehe Ledertasche Erpel.

218		393
2		362
403		363
352/369		859
218/1041		861
403/1041		360
398		978
1040		132
1041		

TASCHE ERPEL

Diese aufwendig gestickte Tasche wurde von einer Täschnerei in Leder eingearbeitet.
Das Motiv eignet sich aber auch für jede beliebige Tasche, die Sie selber nähen.
Verwendet werden kann der Schnitt burda 4060 oder burda 3360. Auch der Schnitt von
der Tasche Hahn, Seite 33, eignet sich dafür.

MATERIAL

Stoff oder Leder nach Belieben

Stoff: zum Besticken, *Zweigart* Belfast 3609, Farbe 53,
50 x 30 cm

Garn: Anchor Sticktwist, je 1 Strang in den Farben:
2, 132, 218, 352, 360, 362, 363, 369, 393, 398,
403, 859, 861, 978, 1040, 1041

Perlgarn: Nr. 5 in den Farben: 979, 977, 360, 859

Stoffmalfarbe: zur Darstellung des Teiches blaue Stoffmalfarbe

STICKTECHNIK:

Nadelmalerei, Stielstich, schräger Plattstich

ARBEITSANLEITUNG NADELMALEREI:

- Motiv mit Bügelmusterstift aufzeichnen.
- Den Teich mit blauer Stoffmalfarbe aufmalen und die Farbe gut trocknen lassen.
- Eventuell die aufgezeichneten Wellen nochmals nachzeichnen.
- Mit der Nadelmalerei 2-fädig zunächst am Kopf der Ente beginnen, dann den weißen Kragen, den Bauch und die Flügelteile sticken. Achten Sie darauf, dass Sie bei der Brust und Teilen der Flügel die Garnfarben mischen. Um eine melierte Wirkung zu erzielen, verwendet man von zwei verschiedenen Farben je einen Faden. Mit diesen Fäden 2-fädig weitersticken.

- Am Schluss werden der Schnabel und das Auge gestickt. Zunächst das Auge innen Schwarz aussticken und anschließend mit 1-fädigem weißen Sticktwist im Stielstich das Auge umranden.
- Die Schilfblätter in Nadelmalerei 2-fädig sticken.
- Rohrkolben in schrägem Plattstich mit Perlgarn sticken (Farbe 360).
- Die Stiele in Stielstich mit Perlgarn sticken (Farbe 859).
- Zuletzt wird mit Perlgarn Nr. 5 und der Farbe Blau 979 im Stielstich der Teich umstickt und die Wellenlinien (Farbe 977) werden mit Stielstich nachgestickt.

ARBEITSANLEITUNG KREUZSTICH:

siehe Gürteltasche Erpel.

Gürtel mit kleinen Tulpen

STICKTECHNIK:

schräger Plattstich, Stielstich

ARBEITSANLEITUNG PLATTSTICH:

- Aufzeichnen eventuell mit Bügelmusterstift oder Vorsticken.
- Alle Blätter und Tulpen unterlegen und anschließend mit schrägem Plattstich übersticken.
- Stiele werden mit Stielstich gestickt.

FERTIGSTELLUNG:

- Auf die Rückseite der Stickerei Vlieseline bügeln. Je nach gewünschter Festigkeit mehrere Lagen aufbügeln.

- Rückseite mit Futterstoff (eventuell Leder) abfüttern.
- Es ist auch möglich laut Schnittzeichnung den oberen und unteren Rand des Gürtels mit einem Schrägband, ggf. in Leder einzufassen.
- Links und rechts wird der Metallring in den Gürtel eingezogen, dann nach hinten umgeschlagen und festgenäht (1).
- Den Ledergürtel in der Mitte auseinander schneiden, durch die Metallschlaufe ziehen, nach hinten umschlagen und festnähen. Legen Sie vor dem Schließen der Ledernaht die gewünschte Länge des Gürtels fest (2).

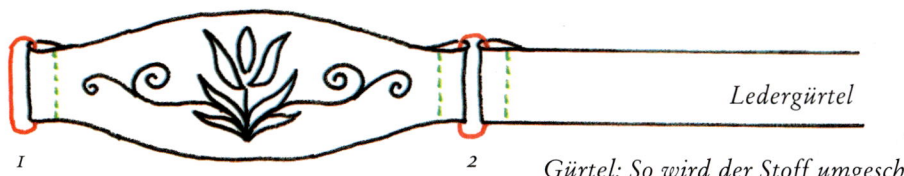

Ledergürtel

1   2   *Gürtel: So wird der Stoff umgeschlagen.*

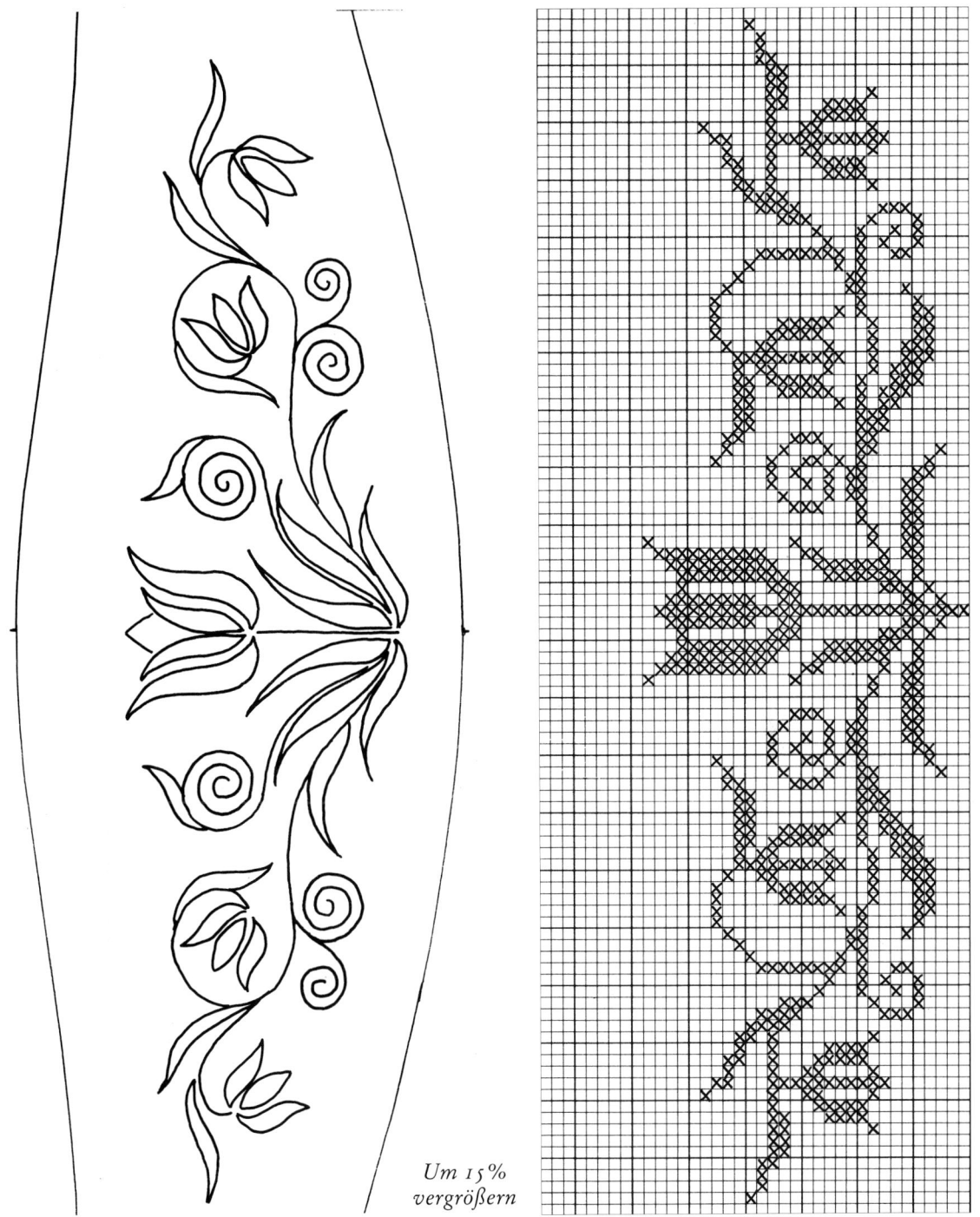

Um 15%
vergrößern

Beutel Löwenzahn

Material

Schnitt: burda 4060

Stoff: antrazitfarbiger Lodenstoff, 140 x 60 cm

Garn: Anchor Sticktwist,
Grün 217, 218, 244, 216
Gelb 298, 307
Beige 393, 397, 885

Sticktechnik:

Nadelmalerei, Stielstich, Plattstich

Arbeitsanleitung:

- Mit den Blättern 2-fädig in der Nadelmalerei beginnen. Es werden die verschiedenen Grüntöne ineinander schattiert.
- Stiele werden mit Stielstich gestickt.
- Die kleinen grünen Blätter an den gelben Löwenzahnblüten können mit Nadelmalerei oder schrägem Plattstich gestickt werden.
- Die gelben Blüten werden mit einzelnen Stichen vom äußeren Rand beginnend in unterschiedlichen Stichlängen gestickt um eine natürliche Wirkung zu erzielen (siehe Zeichnung).
- Bei dem verblühten Löwenzahn (»Pusteblume«) wird zuerst das Mittelstück mit Plattstich in der Farbe 885 gestickt.
- Auf das Mittelstück werden kleine dunkle Punkte mit Farbe Nr. 393 aufgestickt.
- Anschließend werden mit Sticktwist Farbe 397 und Farbe 393 die Flugsamen gestickt (siehe Zeichnung).

▇	298		▇	217
▇	307		▇	218
▇	885		▇	244
▇	393		▇	216
▇	397			

RUCKSACK STIEFMÜTTERCHEN

STICKTECHNIK:

Nadelmalerei, Plattstich, Stielstich

ARBEITSANLEITUNG NADELMALEREI:

- Zuerst alle Stiefmütterchenblüten von außen nach innen mit 2-fädigem Sticktwist in den verschiedenen Blautönen schattieren. Zur Mitte hin noch etwas Schwarz einschattieren.
- Wenn alle Blüten fertig sind, wird in der jeweiligen Blütenmitte mit gelber Farbe in schrägem Plattstich ein Blütenstempel gestickt.
- Die grünen Blätter in Nadelmalerei sticken.
- Die Blattrippen anschließend mit Stielstich sticken.
- Die Flügel des Schmetterlings werden in den verschiedenen Gelbtönen in der Nadelmalerei schattiert.
- Anschließend den Schmetterlingskörper mit Plattstich und die Fühler mit Stielstich fertigen.

ARBEITSANLEITUNG KREUZSTICH:

siehe Stickvorlage.

130		393	
131		218	
941		244	
134		246	
295		403	
307			

JACKE EICHENLAUB

Das Motiv Eichel mit Eichenlaub wurde auf den Kragen einer fertigen Jacke gestickt. Die Zeichnung kann auch sehr gut verwendet werden für Jackentaschen, Jackenvorder- und Rückenteile.

Weitere Entwürfe mit Eichenlaubmotiven auf Seite 68.

Weitere Entwürfe mit Eichenlaubmotiven auf Seite 68.

MATERIAL

Fertige Lodenjacke oder Jacke nach passendem Trachtenschnitt herstellen.

Garn: Anchor Sticktwist, je 1 Strang Farbe Nr. 218, 361, 393, 859, 860, 1050

Tipp: An der Jacke sind der Stehkragen und die Ärmelumschläge aus grünem Lodenstoff. Die Garne wurden passend zu diesem Grünton ausgesucht. Es ist ratsam, die Garnfarben entsprechend den Stoffen abzustimmen.

STICKTECHNIK:

Nadelmalerei, Stielstich

ARBEITSANLEITUNG NADELMALEREI:

- Aufzeichnen des Motivs mit Vorsticken.
- Zunächst die Eichenblätter in Nadelmalerei mit Sticktwist 2-fädig in verschiedenen Grüntönen einschattieren.
- Die Stiel- und Blattrippen mit Stielstich in Farbe 1050 sticken.
- Die Eichel zunächst in Nadelmalerei sticken. Über den hinteren Teil der Eichel wird ein Gitter gespannt und mit kleinen Stichen festgestickt. Zum Schluss wird die Eichel mit Stielstich eingefasst.

ARBEITSANLEITUNG KREUZSTICH:

siehe Stickvorlage.

FARBNUMMERN JACKE EICHENLAUB

■	361	■	860
■	393	■	859
■	1050	■	218

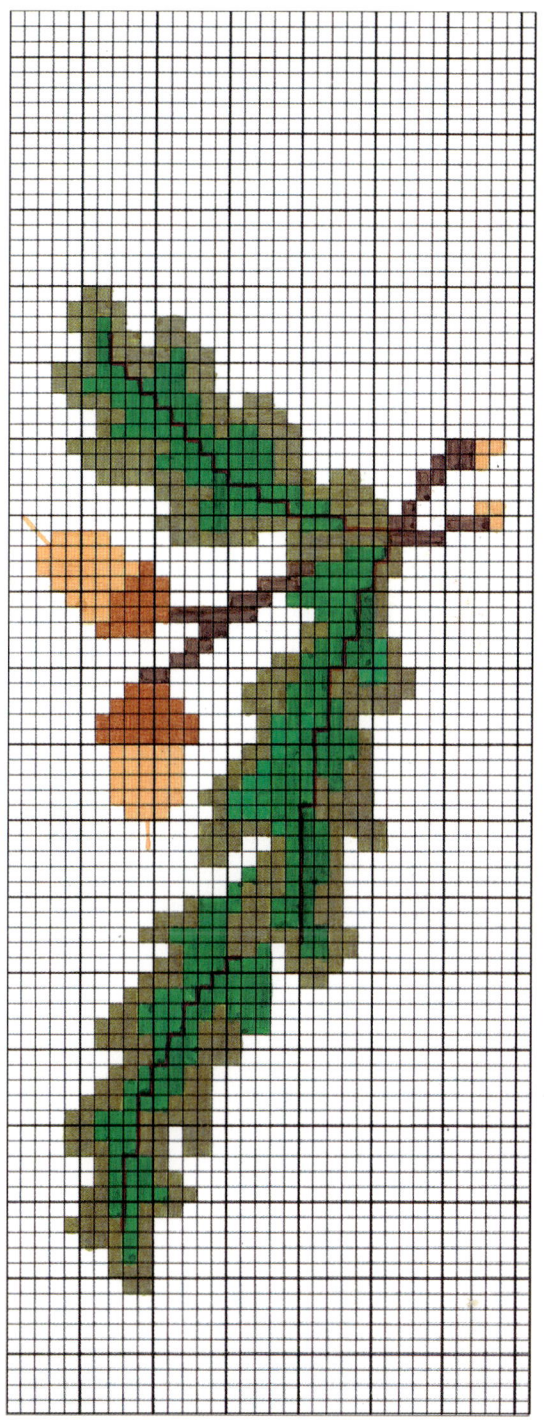

BEUTEL ROSE

M A T E R I A L	
Stoff:	Seidensatin, 65 x 25 cm
Futter:	65 x 25 cm
Garn:	Anchor Sticktwist, Rot: 25, 26, 41, 42, 43 Grün: 214, 215, 216, 217, 218 Braun: 360
Sonstiges:	Vlieseline, Samtband oder Kordel

STICKTECHNIK:

Nadelmalerei, Stielstich, schräger Plattstich

ARBEITSANLEITUNG NADELMALEREI:

- Aufzeichnen des Motivs von Seite 74 mit hellem Bügelmusterstift oder Vorsticken.
- Die Rosenblätter mit Sticktwist 2-fädig von außen nach innen in den verschiedenen Rottönen einschattieren.
- Die straffierten Teile in der Zeichnung mit schrägem Plattstich sticken.
- Die Blätter in Grün schattieren.
- Die Blattrippen in Stielstich mit braunem Sticktwist sticken.
- Der Stiel der Rose wird in schrägem Plattstich gestickt.

ARBEITSANLEITUNG KREUZSTICH:

siehe Stickvorlage.

- Der Beutel hat das Maß 45 x 20 cm plus Nahtzugabe.
- Für den Boden schneiden Sie einen Kreis mit 12 cm Durchmesser plus Nahtzugabe zu.
- Der Boden wird mit Vlieseinlage verstärkt (eventuell zusätzlich mit Karton verstärken und mit Futterstoff abfüttern).
- Bestickter Stoff wird abgefüttert und an der Seite zusammengenäht.
- Oben wird ein Tunneldurchzug genäht, in den Sie am Schluss das Samtband oder die Kordel einziehen.
- Beutel unten reihen und am Bodenteil festnähen.

WESTE ROSE

Die Rose in Kreuzstich wurde gezeichnet für den Beutel auf Seite 70.
Wenn wir diesen Kreuzstich anstatt über 2 Gewebefäden wie die bei dieser
Weste über 3 Gewebefäden sticken, vergrößert sich das Motiv und wir
erzielen eine ganz andere Wirkung.

MATERIAL

Schnitt: Ärmellose Weste, z. B. *burda* 3151

Stoff: *Zweigart* Dublin 3604, Farbe Schwarz, Menge je nach Konfektionsgröße

Garn: Anchor Sticktwist,
Rot: 25, 26, 41, 42, 43
Grün: 214, 215, 216, 217, 218
Braun: 360

STICKTECHNIK:

Kreuzstich, 4-fädig über 3 Gewebefäden

SEIDENTUCH

STICKTECHNIK:

Plattstich, Stielstich

ARBEITSANLEITUNG:

- Aufzeichnen mit Bügelmusterstift
  oder Vorsticken.
- Blätter in Plattstich sticken.
- Stiele in Stielstich sticken.

FARBNUMMERN BEUTEL ROSE

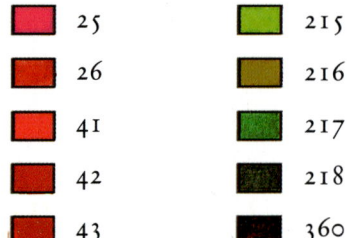

■	25		■	215
■	26		■	216
■	41		■	217
■	42		■	218
■	43		■	360

KLEID VARIATION

Für die Verzierung dieses Kleides möchte ich Ihnen verschiedene Variationsmöglichkeiten anbieten. Die Träger des Kleides sind deshalb separat gearbeitet und mit Knöpfen, die sich vorn und hinten am Kleid befinden, befestigt. Dadurch haben Sie die Möglichkeit, dieses Kleid mit schlichten schwarzen Trägern zu tragen oder aber bestickte Träger in verschiedenen Ausführungen auf dieses Kleid zu knöpfen.

Beispiele:
- Träger aus Leder mit verzierten Schließen.
- Träger aus naturfarbenem Leinenstoff bestickt mit schwarzem Kreuzstichmotiv (siehe Zeichnung).
- Träger mit Nadelmalereimotiven bestickt, z. B. kleines Eichenblatt, Rosenknospe.
- Einen ebensolchen Effekt können Sie mit besonderen Trachtenknöpfen erzielen. Eventuell Knöpfe mit kleinen gestickten Motiven überziehen.

MATERIAL

Schnitt: Es können verschiedene Schnitte verwendet werden. Entweder der Schnitt eines Mantel- oder eines ärmellosen Trachtenkleides.
Wichtig dabei ist jedoch, dass der Schnitt oben an den Trägern so geändert werden kann, dass diese auch abgeknöpft werden können.

Stoff: Vieböck 740/99 Zwilchstreifen, schwarz

Garn: Anchor Leinen 10, Natur 926

STICKTECHNIK:

Plattstich, Stielstich, Knötchen

ARBEITSANLEITUNG PLATTSTICH:

- Aufzeichnen mit Bügelmusterstift oder Vorsticken.
- Blüten und Blätter unterlegen und mit schrägem Plattstich übersticken.
- Stiele mit Stielstich sticken.
- Zum Schluss die Knötchen sticken.

ARBEITSANLEITUNG KREUZSTICH:

siehe Stickvorlage.

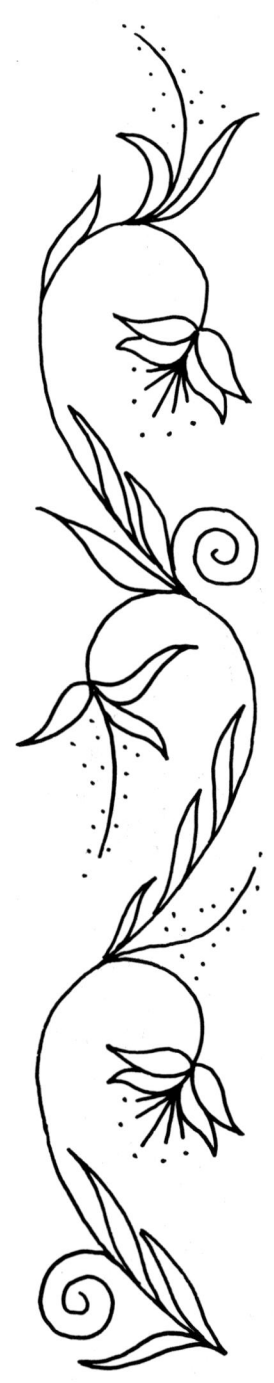

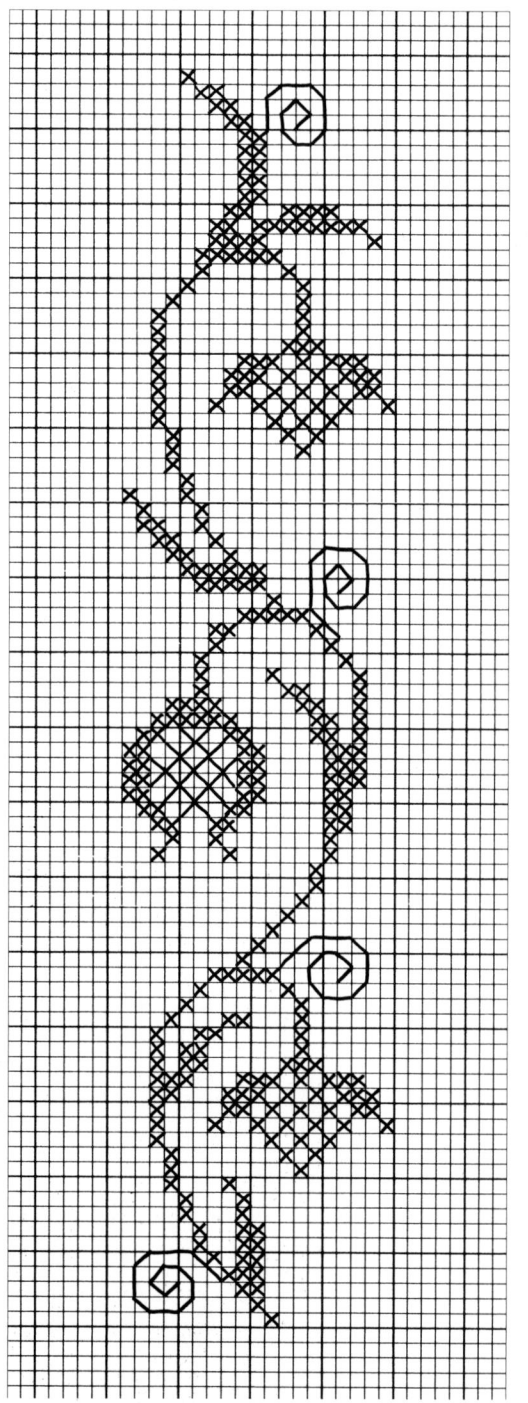

DIE AUTORIN

Die Textilkünstlerin Heidi Baumgartner erlernte schon als Kind die Hand- und als Jugendliche die Goldstickerei. In einer Fahnen- und Paramentenstickerei hat sie die Ausbildung als Handstickerin abgeschlossen.
Seit 1992 ist Heidi Baumgartner Freie Handarbeitsberaterin der Firma Coats GmbH. Im Jahr 1995 legte sie die Meisterprüfung im Stickerhandwerk ab, 1996 erhielt sie den Meisterpreis der Bayerischen Staatsregierung.
Die Autorin zeigt ihre Arbeiten in Ausstellungen in Museen, bei Messen und auf Sonderschauen.
Heidi Baumgartner gibt regelmäßig Stickkurse zu vielen verschiedenen Techniken, die von Anfängern und Fortgeschrittenen besucht werden können.

BEZUGSQUELLENNACHWEIS UND DANK

Anchor Stickgarn: Coats GmbH
Postfach 1179
D-79337 Kenzingen

Stoffe: Zweigart und Sawitzki
Postfach 120
D-71043 Sindelfingen

Leinen-Weberei
Christina Vieböck
Leonfelder Straße 26
A-4184 Helfenberg

Lederarbeiten: Werner Friedberger
Gerzener Straße 13
D-84178 Dietelskirchen

Schnitte: burda
Am Kestendamm 2
D-77652 Offenburg

Danken möchte ich folgenden Firmen für die Unterstützung:

Coats GmbH
Postfach 1179
D-79337 Kenzingen

Zweigart und Sawitzki
Postfach 120
D-71043 Sindelfingen

burda
Am Kestendamm 2
D-77652 Offenburg

Loden Frey
Osterwaldstraße 10
D-80805 München

Allen Freunden und Helfern die mich unterstützt und ermutigt haben, dieses Buch zu realisieren, ein ganz herzliches Dankeschön!

Fotografie: Raphael Lichius, Rosenheim
Layout und Satz: VerlagsService Dr. Helmut Neuberger & Karl Schaumann GmbH, Heimstetten
Lithografie: Reproteam Siefert, Ulm-Böfingen · Druck und Bindung: L.E.G.O. S.p.A., Vicenza
Printed in Italy
ISBN 3-475-52936-x

Mit Anchor Stickgarnen haben Sie Spaß und können Ihrer Phantasie freien Lauf lassen – ganz gleich, ob allein oder gemeinsam mit Freundinnen. Anchor liefert Ihnen das hochwertige Sortiment an traumhaft schönen Stickgarnen mit über 444 Farben.

Viele kreative Anregungen finden Sie in unseren Ideenmagazinen *Intermezzo* und *Anchor Kreativ* (wie z. B. die Kissen auf dem Foto). Bitte wenden Sie sich an Ihren Fachhandel.

Gute Laune zum SELBERMACHEN.

Anchor

Kreativer Spaß an farbigen Ideen.

Coats GmbH · Postfach 1179 · 79337 Kenzingen